JN440147

꿈의 전조등

〈소꿉〉, 그 첫 번째 여정

꿈의 전조등

소꿉문학회

시인동네

내 안의 창조성이 깨어나는 시간

● 한현수(시인)

나무그늘에 들어가 나무의 속을 들여다볼 때가 있다. 멀리서 나무를 스치듯 보는 것과 나무 그늘에 들어가 나무를 느끼는 것은 다르다. 초코송이를 닮은 나무들이 만들어낸 그늘은 나무가 그늘을 낳아 품고 있는 것 같아 아련하게 어머니를 생각하게 하고 추억의 시간을 수십 년 돌려놓기도 한다. 초코송이 형상에서 은은한 종소리가 울려나오는 듯하다. 부산 평화공원의 나무가 그러하며 멕시코 과나후아토의 나무가 그러하다. 그늘마다 색이 다르고 촉감이 다르고 그리 크지 않지만 시원하기도 하고 따뜻하기도 한 양털 같아 그늘에 어깨를 기대어도 좋을 만큼 넉넉하다. 그늘이 두껍고 촘촘한 것은 잘 다듬어진 나뭇결과 빛에 순응하는 나무의 욕망이 제법 어우러진 결과다. 이런 그늘이 줄지어 있는 길에 들어서면 자연히 발걸음은 더디고 나무가 건네는 언어에 사로잡힌다.

그림자를 자르고 싶으세요?
축 늘어진, 힘없는 그림자를
그렇다고
팔, 다리, 몸을 자를 순 없잖아요
멕시코 과나후아토로 오세요
문득 서 있는
나무속으로 들어오세요
당신의 그림자는 잘릴 거예요
아니, 사라져버릴 거예요
나무의 그림자 속에
새겨질 거예요
짧지도, 길지도 않은
온전한 당신의 그림자는
계란 속 노른자처럼 편해질 거예요

—구광렬 「과나후아토의 나무」 전문

시 쓰는 일이 나무그늘에 들어가는 것과 같다면 과한 낭만의 표현일까. 창작은 그림자를 더듬는 행복한 여행이며 고단한 작업이다. 그림자는 내면의 소리이기에, 어쩌면 그늘이 이렇게 아름다울 수 있을까, 감탄하게 하는 나무를 만날 때 나무에 몰입하게 되는 것은 시적인 순간 때문이다. 사물을 관찰하며 내 안의 창조성이 깨어나는 시간, 이 시적인 순간에 마음속에 드리운 그림자를 떠올리게 되는 것은 창작의 연동이다.

시인은 내 안의 무수한 그림자 중에서 때론 아픈 그림자를 일으키고 다독여 내세우는 일을 하는 사람들이며, 또한 창작이 그림자를 돌보는 과정이어서 치유의 시작이며 세상과 소통의 과정임을 우둔하게 믿고 밀고 가는 사람들이다. 무엇보다 시인은 문장 하나에 몸을 던지는 사람들이며, 작은 것 하나가 시를 완성하는 모티브가 되기에 사소하고 하찮은 것에 모든 감정의 촉수를 내민다. 영화 〈리스본 야간열차〉에서 주인공 그레고리우스가 처음으로 일상을 벗어나 열차에 몸을 실은 이유는 그가 우연히 마주친 문장 때문이다. 무엇이 그의 심장을 뛰게 한 것일까. "우리가 우리 안에 있는 것들 가운데 아주 작은 부분들만을 경험할 수 있다면, 나머지는 어떻게 되는 걸까?" 이 한 문장의 포르투갈어가 그의 삶에서 미처 경험하지 못한 '무한한 나머지'를 건드렸던 것이다. 일상은 얼마나 견고한가. 우리는 일상에서 비껴나지 않도록 집중하며 변화에 인색하고 변화를 두려워하며 무의식적으로 일탈에 저항한다. 자신의 '무한한 나머지'의 존재를 알지 못하는 사람들이 많다. 그러나 시인은 심장을 뛰게 하는 씨앗 같은 문장을 품고 파스칼이 말한 내적인 우주를 향해 가슴앓이를 한다. 문장이 발아하여 잎사귀를 내고 꽃을 피우는 시가 되었을 때 비로소 시인은 완성의 희열을 맛본다.

〈소꿉〉 7년, 함께 앓는 시간이었다. 그리하여 서로의 그림자까지 사랑하게 되었다. 걸음마의 시작은 서툴렀지만 함께 걷는 방법을 발견하며 묵묵히 성장했다. 함께 '하나가 되려는 것'이 아니라 '하나의 방향'으로 가고자 했다. 자신을 떠나는 일탈의 시간은 얼마나 달콤한가. 무한한 상상력 안에 자신을 자유롭게 풀어주는 일은 얼마나 가슴을 설레게 하는가. 마음 한구석을 비워 꾸밀 필요 없는 서로의 그림자로 채우고 공유하는 일은 또한 어떠한가. 오래, 사심 없이, 그리고 꾸준하게 자신을 아낌없이 내어준 일에 박수를 보낸다. 스스로 자랑할 만하다. 밑줄을 그으며 함께 읽고 토론했던 책으로 서재를 채워가는 일과 일탈을 벗어난 원고 파일을 조금씩 쌓아가는 일, 고민하던 무수한 시간들 또한 얼마나 든든한 생의 질료가 되었는가. 훗날 손때 묻은 책에서 한 문장씩 꺼내보며 되새김하는 모습을 상상만 해도 넉넉해진다.

내 안에 사용되지 못한 무한한 나머지를 향해 조금씩 발걸음을 옮기며, 여기 〈소꿉〉의 부끄러운 부분을 독자들에게 내놓는다. 글의 무게만큼 삶의 무게를 껴안아야 하기에 평가에 대한 두려움이 앞섰다면 〈소꿉〉은 여기까지 움직이지 못했을 것이다. 감사하다. 가슴으로 안부를 전한다.

차례

정하종

임경애

길은주

<< 최병오

〈소꿉문학회〉 회원, (주)용마엔지니어링 근무.
E-mail: choib567@naver.com

흔적

기억의 창고에서 쓸 만한 것은 아무것도 찾을 수 없다
오히려 사라지는 것이 다행일 정도이다
찾는 수고라도 덜 수 있기에
과거, 현재, 미래가 있지만, 현재는 순간에 미래로 도달하고 과거로 사라지는 것

시간은 그렇게 쉬지 않고 달리고 달리고 달린다
그렇게 달리면서 기억을 낳고 낳고 또 낳는다
시간의 자식들은 어미를 놓쳐버리고 비뚤게 자라거나 소멸해버린다

사람의 귀로 들을 수 없는 것이 더 많다는 사실은 알아도
얼마나 되는지는 알 수조차 없다
만질 수 있는 것은 보이는 것 중에서도 극히 일부에 불과하다

눈이란 것은 반사된 것만 보는 것이다
반사된 것조차 한정적이다
하얀색은 적외선의 모든 색을 반사하지만 오히려 자외선은 흡수

한다
결국, 본질은 존재하지만 볼 수 없다

모든 빛을 반사하기에 아니면 빛 그 자체이기 때문에
허상조차 볼 수 없는 존재
그에게 나의 존재 이유를 묻는다

네 마음 안에 심어놓은, 세상에 남겨놓은 흔적을 찾아보라 한다
과거의 흔적으로 미래를 보는 것이 아니라 한다
과거, 현재, 미래를 모두 펼쳐놓은 그를 믿는 것
보이지 않는 그를 믿는 것
지나온 시간과 이 순간과 다가올 시간에 그로부터 주어진 것을 찾는 것

그를 알아가는, 영원히 기억할 현재의 그 순간이다

썩을 놈

나는
받은 자리가 선명하게 남아 있는, 시간으로 지워지지 않는
상처라는 구체 명사들을 마음 안에 쌓아 왔다

당신에게는
그저 심약한 사람의 오해에서 파생된
상처라는 추상명사를 지우라고 강요하면서

썩을 놈

당신에게 하는 말이 아니다
나에게 하는 말이다
나를 달래는 말이다
곧 사라질, 나를 포함한 썩어질 것들에 대한 말이다

썩을 놈의 세상

최초의 한 세대도 지나기 전에 세상은 썩기 시작했다

세월이 흘러, 최초의 사람 이전의 그가 사람으로 왔다
그때까지도 세상은 썩고 있었고 그는 상처받았고 나무 위에 매달렸다
그 후로도 세상은 썩고 있지만,
그의 상처는 썩지 않고 그 자국만이 남았다

죽음.
죽음,

둘의 차이는
그의 귀환을 꿈꾸는가에 달린 것이다

오늘도 그 꿈을 꿀 수 있기를
썩을 눈을 감아본다

가면극

또, 하루의 막이 내렸다
집으로 돌아가는 시간

가면을 버리고 굳어진 얼굴을 기지개로 펴본다
그사이 대본은 사라졌다

얼핏 보인 상사의 민얼굴과
파업 참여자들의 상기된 표정도
어디선가 들려온 높으신 분의 허무 무시한 대사까지도
기억에서 지우는 시간이다

아내의 얼굴 뒤에 보인 것은
그녀의 쌓아놓은 말들이다

당신의 탑을 해체하며 나의 말을 잠시 미뤄놓는다
당신의 대사가 반복된다는 것을 알아차린 후
당신의 마임이 시작된다

피곤함이 내 이야기를 내일로 가져가고 있다
사실, 잊은 것은 아닐까?
가슴속 봉투를 확인해본다

아이를 사이에 두고 잠자리에 든다
내일은 말하리라 되뇌면서 눈꺼풀의 막을 내리는 순간
대체 계약직이란 가면이 다시 얼굴을 덮는다

빛

비가 그쳤다
신을 것은 슬리퍼뿐이라 조심, 조심, 또 조심 오른 정상
하지만 조금 내려가야 온전한 풍경이 보일 듯하다

새들이 지저귐을 잊은 시간
나도 잠시 슬리퍼를 신고 있다는 것을 잊었나 보다
발가락 사이에서 젖은 흙 알갱이들의 속삭임이 느껴진다

낯선 그림자가 춤을 춘다*
머리 위 나뭇잎은 나를 향하는 듯 하늘을 향하는 듯 손을 흔들고 있다

발돋움할수록 나뭇잎은 형체가 무너지고 그 자리로 하늘이 내려온다
그 무게를 감당 못해 감아버린 눈에는 흔적의 파편만이 아른거린다

말단의 속삭임마저 사라지면

마음의 울림만이 그 자리를 차지한다

---

*『행복한 그림자의 춤』, 앨리스 먼로.

육개장

숨죽인 고사리와 찢긴 양지는 토란대에 안기고
숙주, 대파의 합류와 모두를 감싸주는 고추기름

김들은 손을 흔들며 밥을 부르고
뜨거운 국물이 식은 밥알들을 일일이 안아주며 맞이한다

좋아는 하지만 즐기지 않는 것 중의 하나
미안함 때문인지 기억 때문인지

당신과 함께한 마지막 밤 그리고 아침
한 숟가락마다 한 방울의 눈물을 먹는다

<< 기형미

〈소꿉문학회〉 회원, '콩불' 분당서현점 대표.

E-mail: djyjki62@naver.com

텃밭에서

이른 봄, 돌을 고르고 씨앗을 뿌렸다
눈뜨면 밭에 나가 쪼그리고 앉아
흙 사이 여린 얼굴 지루하게 기다렸다
어느 날 흙을 머리에 얹은 싹들이 땅을 가르며 나왔다
한번 올라온 싹들은 갈 때마다 자라 있다
햇살이 간지럽다

다양한 모습의 싹들을 적당한 간격으로 솎아준다
열매가 달릴 것들은 지주를 세워주고 묶어주었다
감자는 흙을 북돋아주었다
물도 흠뻑……
햇살이 따사롭다

모든 작물은 종자를 맺기 위해
성장하는 수고를 아끼지 않는다
28점 무당벌레는 감자 잎에 알 낳기 바쁘고
나는 감자를 지키기에 바쁘다
배추흰나비 애벌레와 나는 케일을 절반씩 나누어 먹는다

모두 열심히 살고 있다
햇살이 뜨겁다

꽃차

한낮
해가 피었다

간지럽다는 너를
한 송이 한 송이 딴다
너의 향기로 놀러온 바람에게도
시간을 내어준다

걸음 걷다 바로 전 걸음이 기억나지 않을 때
차 속에 피어난 네 모습에
고마웠던 그 사람이 기억나길

어느 한날 섭섭한 날
너의 감미로운 향기로
가슴 벅차게 즐거웠던 날 떠오르길

어느 한날 우울한 날
따끈한 열기로

무모하지만 용기 있었던 지난 순간이 떠오르길

찻잔으로
너를 불러온다

오늘은 한 잎 한 잎 어떤 기억들을 피워주겠니?

제비꽃

그랬었다

내 봄은 진실했고 아름다웠다
길고 뜨거웠던 시간 속에 흙먼지 맞으며
작은 걸음 걸어가도

그리고 잊혀갔다
꿈인가?
꿈이었나?

지난일은 다 잊었다
햇볕이 이렇게 찬란하고 눈부신데
누가 봐주지 않아도
나는 얼마나 사랑스러운지

상실

언니 등에 업혀
밤 마실 가는 길

개울 건널 때
돌 틈 사이로 낙엽처럼 흘러가는

나의 첫 빨간색 잠자리 슬리퍼

귓가에 윙, 하는 소리와 함께
큰 소리로 떨어졌다

사려니 숲길을 걷다

사려니 숲길은 넓고 평탄하다
키 큰 삼나무는 거만하지 않고 너그럽다
길가 산수국과 들꽃은
내 발자국과 마음에 귀 기울인다

사려니 숲길은 조붓하다
가뭄에도 이끼는 나무를 덮고
덩굴은 길로 나와 함께 걷자 한다
들려줄 말이 많은 하루살이가 앞장서고
누군가 걸었던 돌들이 발아래 있다

팔월의 해는 뜨겁고
나무그늘 사이 바람은 소소하다
얼마를 걸었을 뿐인데
숲은 나를 잘 안다고 어깨를 같이한다

내 마음 한 점 떼어놓고
숲바람 한 점 보듬고 돌아온다

<<

이상희

〈소꿉문학회〉 회원, 〈호국문예작품〉 공모 시나리오 부문 당선(2001).

'비지오켐' 대표.

E-mail: rheingau@naver.com

과속

미국 친구가 방금 먹었다는
아보카도 토스트에는 맛깔스런 연어가 듬뿍 얹혀 있다

한 시간 전에 입양했다는
독일 친구의 고양이는
연초록 눈을 반짝이며 앞발질을 한다

재빠르게 하트를 날리고
댓글을 달며 반응해야만 한다

아차, 놓치면

토스트가
고양이가
저만치 달아나
도무지 찾을 수 없게 된다

한때,

손 편지 엽서 보내놓고
한 달씩 라디오 앞에서 기다리고
두 달 만에 반송된 국제우편 바라보며
무소식이 희소식이라 위로하던
신세대였던 쉰 세대여,

숨이 차다

아빠

1

어려선 친구들이 너무 젊은 아빠를, 삼촌이라 놀렸답니다 스물두 살, 대학생 아빠는 엄마 잃은 어린 동생들을 맡길 데가 없어서 장가부터 가고 군대를 가셨지요 "군대 있는 동안 동생들만 잘 돌봐주면 됩니다" 말도 안 되는 프러포즈가 통할 만큼, 잘생기긴 분이 아빠입니다 빨간 와이셔츠에 분홍 넥타이, 백구두를 멋지게 소화하시는

2

매일 4시 반에 일어나서 새벽기도회에 가십니다 하루 두 시간씩 운동을 하고, 아파트 계단도 걸어서 다니시지요 30년 넘게 장로성가단의 금요일 새벽 연습을 빠지신 적이 거의 없답니다 늙으면 잠이 준다고요? 머리맡에 알람시계가 세 개씩 있는 걸 보니 아빠는 남보다 건강한 분이 아니라 누구보다 부지런한 분이었습니다

3

열여덟에 만나신 하나님 아버지를 평생 사랑하며 사셨지요 시골 교회의 새벽종지기를 자처하고, 교회의 궂은일은 도맡아 하셨어요 서른여섯 젊은 장로가 원로장로가 되실 때까지 한 번도, 아빠의 아

빠 하나님을 실망시키지 않으셨습니다

4
"아무것도 없었는데, 모든 걸 하나님이 주셨단다"

하나님께 드리는 걸 제일로 여기셨지요 아빠의 기도 제목은 십일조를 드리는 걸 넘어서서 교회 헌금의 십분의 일을 감당하는 거였습니다 남들이 아빠를 굉장한 부자로 오해할 만큼 많이 드리셨지요 집에 새 장롱을 사기 전에 교회 캐비닛을 사시고, 자가용을 사기 전에 교회 봉고차를 사셨지요 하나님이 그런 아빠를 얼마나 사랑하고 축복하셨을까요 누구와 밥을 먹어도 언제든 제일 먼저 지갑을 여시는 아빠, 돈이 많은 분이 아니라 사랑이 많은 분이라는 걸 딸은 잘 압니다

5
평생 병원을 드나들면서 온갖 병치레를 하셨던 엄마 때문에 아빠는 간호사가 되셨습니다 그런 아빠가 수술을 앞둔 엄마 병실에서 갑자기 사라지셨던 적이 있습니다 아빠는 응급실에서 영양제를 맞고

계셨지요 "감기기운도 있고 피곤해서… 영양제 맞고 힘내서 간호하려고"

'죽어도 이의제기를 안 한다'는 엄마의 수술동의서를 피해 도망가셨던 아빠, 그 아빠 대신 사인할 수밖에 없었던 딸도 엄마를 사랑하지만 아빠만은 못하겠지요

6

컴퓨터 앞에 앉아서 온갖 사진들을 이리저리 옮겨 나르십니다 기초 없는 학생을 가르치는 건 배우는 것만큼 어려운 일이라 대신 해드린다는 손녀에게, 결코 양보하지 않으십니다

"다 해주면 다음에 내가 혼자 못하잖아"

아빠는 지금도 필기해 가면서 배움을 멈추지 않습니다 컴퓨터를 배우고 스마트폰을 익히고 소일 삼아 시작한 텃밭 농사를 위해서도 장비를 구입해가며 공부를 합니다

7

친구들이 한 분 두 분, 하늘나라로 이사를 가시는 게 섭섭하지만, 앉아서 슬퍼하지 않고 천국 송별 잔치 참석을 위해 전국을 누비십니다

"먼저 가서 잘 살고 있어. 좀 오래 기다려야 할 거야"

지하철을 타시면 피곤한 학생에게 자리를 양보하는 젊은 아빠, 공짜 탑승을 미안해하면서

8

나보다 더 나를 사랑하시는 아빠는 하나님이 주신 선물입니다 하나를 달라면 둘을 주시는 분, 원하기도 전에 미리 필요를 채워주시는 분, 노력해서 얻은 것이 아닌데 이렇게 자랑할 수 있는 것은 그냥 내가 아빠의 딸이기 때문입니다 오늘도 나를 낳으신 아빠를 주신, 나를 지으신 하나님 아빠에게 감사드립니다 나이 여든을 꿈꾸는 청년으로 사시는 아브라함 같은 갈렙 같은 아빠의 팔순 생신을 축하합니다

사랑합니다

어머니

아끼고 또 아낀다

오만 원 한우갈비보다
오천 원 보리밥이 더 맛있다 우기면서

예단 받은 모피코트는 잘 모셔두고
백화점 매대 누빔 옷으로 버티면서

맛있는 놈은 아껴두고
벌레 먹은 놈만 골라 한 끼를 때우면서

나중에
늙으면

이다음에
더 늙으면……

팔순을 넘긴 어머니는

아직도

너 늙기를 기다린다

엄마 손

엄마는 소문난 큰손이었다
30명 손님 먹이는 것쯤은 식은 죽 먹기였다
음식이 모자라는 건, 엄마 사전에 없는 일이었다

엄마 손은 약손이었다
엄마 손이 닿으면 아픈 배가 한순간 나았다
무명실 꿴 바늘 하나면 의사가 필요 없었다

엄마가 두 손을 모으고 기도하면
안 되는 일이 없었다
두려운 일도 물러났다

어느 날
우리 엄마 손이
이렇게 작고 주름투성이란 걸 알게 되었을 때
엄마 손의 위력이 사라졌다

싫다는데 억지로 쥐여 드린 스마트폰

엄마 손은 엉뚱한 곳으로 전화를 건다
스마트 TV의 매끈한 사각형 몸체가
엄마 손을 당황하게 만든다

어느 날부터 엄마 손은
조막손이 되었다

이제 좀 한가해?

오랜만에 걸려온 전화에
어제 막 헤어진 것처럼
“점심은 먹었어?” 물었었는데

그냥 언제나 맘만 먹으면
만날 수 있다고 생각했는데

조금만 한가해지면 함께 여행도 갈 수 있다고
또 전화 할게, 약속했는데

너 닮아 까칠한 소나무 밑에
한 줌 흙으로 누워
작은 액자 속 사진으로 내게 묻는다

“이제 좀 한가해?”

하늘나라에서 우리 다시 만날까?
너는 이리 젊은데
나는 늙었다고 같이 안 놀아주려나

<< 정하종

〈소꿉문학회〉 회원, 대웅제약 나보타 생산센터장.
E-mail: hjej091@naver.com

짜장면

가만있자 그게 언제였더라 아무튼 너희들이 어렸을 때였어 그때 일찍 퇴근하고 너희 엄마하고 모처럼 함께 시장엘 갔었어 너희 네 명 걷어 먹이느라 조용히 둘만 식사한 것이 아득해서 오늘은 오붓하게 맛난 거 먹자고 했더니 선뜻 그러자고 하더라구 그동안 모아둔 약간의 비상금으로 저녁 한 끼 호사롭게 먹어보자 다짐하며 으쓱한 어깨로 일식집 문을 힘차게 열어젖혔지 하지만 여섯 식구 살림에 뭐 정통일식집은 아니었고 그저 그런 음식점이었어 가만히 앉더니 너의 엄마가 메뉴판만 계속 보면서 눈꼬리가 살짝 떨리지 않겠니 그러더니 갑자기 메뉴가 별로라고 다른 데 가자며 뒤도 안 돌아보고 나가더라고 아이구 나는 어떡하겠어 으쓱하며 들어왔던 음식점에 주인의 날카로운 눈 화살 맞으며 황급히 나왔지 얼마나 창피하던지 끓어오르는 화를 참고 그래, 그럼 돼지갈비나 배불리 먹자 하고 마침 근처의 고깃집으로 갔지 자리에 앉아 물 주고 주문받으려는 종업원을 옆에 세워두고 계속 메뉴판만 보더라구 속으로 설마 또 나갈까 생각하고 있는데 너희 엄마가 글쎄, 고깃집 오니까 갑자기 짜장면이 먹고 싶다고 짜…장…면… 먹자고 하는 거야 그래서 그날 결국 너희 엄마하고 오백 원짜리 짜장면을 먹었지 지독한 사람 같으니 너희 엄마가 생의 마지막 불씨를 병원에서 보낼 때, 의사가 그렇게 말리던 짜장면을 막무가내로 먹겠다고 하니 억장이 무너지더라고 수많은 음식 중에 왜 하필 짜장면이냐고 근데 이야기를 너희에게 하면서 너희 엄마에게 정말 미안한 것이 뭔지 아니? 너희 엄마하고 지낸 반백년 그리고 세상 뜬 지 수년이 지난 지금까지 아무리 생각해봐도 너희 엄마가 가장 좋아했던 음식을 알 수가 없는 거야

분명 짜장면은 아닐 텐데

친구야

검정 교복 까까머리 파리떼처럼 몰려다녔던 그때
자네가 있어서 좋았어
언덕배기 들판에 누워 달빛과 별빛을 보며
서로의 꿈을 나누던

친구야, 불꽃같은 청춘을 보내며
자네가 있어서 좋았어
술잔 기울이며 조금씩 꺾이는
꿈 조각을 만지작거리며
담배 한 개비 나누어 피웠지

어느덧 이마에 깊은 골 서리 내린 머리
서로의 모습으로 세월을 느끼게 하는
자네가 있어서 좋았어
내 맘 삶의 꼭지점에서 하염없이 바닥으로 떨어질 때
그 힘센 손아귀로 날 끄집어내어주던

친구야,

누군가 먼저 이 생 다할 때
먼저 친구의 어깨 보듬으며 말해주자구나
자네가 있어 좋았다고

시래기

그려, 빛나는 한때가 있었지
찬란한 햇빛 받으며 늘씬한 몸매 뽐내고
비 오는 날엔 촉촉한 물기에 요염도 떨었지

이름도 무청,
세련 되게 불렸지

그러나 주인공은 아니었어
지하 방에 살던 희멀건 덩치 큰 녀석들은
호명되어 어디론가 떠나는데
이 몸은 효수된 채 빨랫줄에서 말라갔지

이름도 바뀌더군
무청에서 시래기로

시래기가 뭐야 꼭 쓰레기 같잖아

파도

당신에게 닿기만 하면
상처에서
꽃씨가 터지나 봐요

안개꽃 한 무리 피어납니다

벚꽃의 정체성

꿈쩍 않던 노쇠한 겨울바람 어느덧 다음 계절과
줄다리기하다가 뒷걸음치며 물러납니다
차가운 손톱자국에 온몸 부르튼 볼품없던 벚꽃나무에도
따뜻한 호흡이 스치며 혈색이 돕니다
메마른 팔과 다리에서 땀방울 생기듯 하얀 알이 맺히고
봄바람은 자기 자식인 양 온몸으로 감싸 안습니다
알이 부화되어 껍질을 깨고 꽃부리를 내놓습니다
햇살 품으려, 미소 진 사람들의 시선 더 받으려
꽃부리를 앞다퉈 벌립니다
낮의 햇살과 밤의 달빛에 날개 잎은 커져가고
감싸 있던 둥지와 이별을 준비합니다
살랑살랑 봄바람에 꽃무리를 이루며 단 한 번의 날갯짓을 합니다
떠나간 빈자리 연둣빛 속잎으로 채워지고
비로소 나무가 됩니다

어느 봄날
벚꽃은 잠시 나무가 아니라 조류(鳥類)가 됩니다

<< 임경애

〈소꿉문학회〉 회원, 샘물기독초등학교 교사.
E-mail: shalom1018@hanmail.net

가을 풍경

곳곳의 분주함이 작품을 더하는 세상,
하늘 너머의 눈길 의식한 걸까

고스란히 하늘색 땅에 쏟아내는 창 아래
가슴 열어 빛의 색깔 번지는 나뭇잎
한 해 역사가 차곡차곡 살이 되는 열매

작품 전시회 막을 내리며
하늘 창 가까이 별을 걸어둔다

딸기

불청객처럼 찾아온 병을 데리고 사는
아버지를 만나러 간다
낯선 길가마다 꽃이 전염병처럼 번지는
강원도 문막 깊은 산자락
오랜만에 가족 냄새 반가울 법하지만
어린 손주에게만 미소를 보내는 아버지
옷가지 몇 벌이 전부인 작은 방 한 칸
몸속 몰래 들어앉은 손님에게 음식 던져주고
살점까지 떼어주는 듯
마른 넌출가지처럼 벽에 중심을 기대앉은 아버지
입에만 맴도는 안부 몇 마디 오가고
우린 병을 밀어내는 말을 꺼내지 못한다
온기 잃은 햇살 어둠에게 자리를 내어주고
먼 길 어서 가보라는 말에 떠밀려
산자락 긴 그늘 빠져나오는데
아버지의 손에서 건네받은
방금 생명줄 끊긴 딸기의 향이
눈시울을 파고든다

겨울나무

화려했던 여정의 막이 내린다

감쌌던 껍질 메마름에 겨워
산산이 자취를 감춘다

마지막 호흡까지 비틀며 돋우는 추위,
드러낸 알몸을 위협한다

죽음 같은 시간은 흐르고

살붙이까지 끊어내며 속 깊이
잉태하는 고통

태의 문이 열리는 상상,
이제 어둠이 아니다

세상은 잠들고
태아의 심장 소리 뚜렷해진다

>

생명을 불어넣는 계절로 길을 떠나고 있다

살충 란(亂)

들켰다!

소량의 독극물에
목줄이 쥐어져 있던 것이다

난 왕도 아닌데

세상이 미쳤다……

소량의 독에 길들여지면
쉽게 죽지도 않는 법

다만, 조금씩 빠르게
너도 나도 점점 빠르게

비상구 찾을 틈도 없이
세상은 빨리 빨리

>

쉽게

쉽게

보문사 가는 길

한 걸음 늘 때마다
하늘과 가까워지는 설렘

마음의 기대 알았을까
심장이 귀에 대고 말하네

하늘뿐이라 여겼던 만남

멀리서 펼쳐지는 갯벌의 초대가
빨갛게 볼을 물들이네

달려오는 파도는
커다란 지도 한 장 그려놓고
어서 오라 손짓하네

그러나,
지금은 하늘과 밀애 중……

<< 길은주

〈소꿉문학회〉 회원, 서울 송파초등학교 교사.
E-mail: thewayej@naver.com

학교의 여름

세준이의 얼굴에 모기가 다녀갔다 얼굴이 빨갛게 부어올라 세준이는 학교에 오지 못했다 너무 심하게 부어 병원에 다녀온단다 녀석 얼굴 반쪽이 벌겋다 세준이의 얼굴을 그려보면 '여름은 모기'다

맨 앞줄에 앉은 민석이, 공부하기 싫은지 실내화를 신었다 벗었다 한다 실내화가 벗겨지며 앞으로 투욱 굴러나온다 벌써 선생님께 한 번 혼난 터라 티를 안 내고 해결하려 한다 다리를 쭈욱 뻗어 살살 다리를 흔들며 신어보려고 하지만 민석이 다리 길이보다 이미 멀리 떨어져버린 실내화, 민석이 발에 걸리지 않는다 녀석의 얼굴에 당황한 기색이 역력하다 민석이 하는 걸 보면 '여름은 실내화 벗기'다

급식실에서 밥을 먹는데 너무 소란스럽고 후텁지근하다 먹는 소리, 이야기하는 소리, 장난치는 소리, 어느 시점에서 혼낼까 고민하는데 고개를 돌리는 동준이 얼굴에 붙어 있는 수박씨 두어 개! 일부러 수박씨를 붙여놓고 친구들을 웃기고 있다 동준이를 생각하면 '여름은 수박씨'다

봄꽃

칙칙한 먼 산,
색이 점점 짙어온나
산에 연두색 작은 점이 찍힌다
연두 점이 조금씩 커지며 분홍 점이 찍힌다
연두, 분홍 옆에 노란 점이 찍힌다
작은 점들이 점점 커진다

점점이 내 맘에 봄을 찍는다

골목길,
옆집 담장 너머로 하얀 촛불이 준비되었다
작은 촛불이더니
어느 밤 가로등처럼 환해진다
큰 가로등, 작은 가로등이 하얗게 빛난다
바람에 흔들리며 빛난다

가로등이 내 맘에 봄을 밝힌다

북촌

골목 계단 길 올라가니
시간이 멈추어 나를 기다린다

돌담 따라 걸어보니
돌담에 내 낙서 은규 낙서
나를 기다린다

목욕탕 이름은, 코리아
한국을 빛내도록 씻으러 오는 가족들
요구르트 먹으며 나오는
얼굴이 빛난다

열려 있는 대문 들여다보니
분꽃, 봉숭아꽃이 심어져 있는
조용한 마당이 보인다

다시 골목으로 나와
나를 기다리는 시간을

조용히 만나려 했지만
나처럼,
기다리는 시간을 만나려는 사람들

골목이 북적거린다

어수선한 세상이어도 깃드는 평화

세상이 시끄럽습니다
나라들끼리 자꾸만 다른 목소리를 냅니다
옆 나라들이 무기들을 준비합니다
뉴스에 연일 무서운 무기들이 보입니다
미사일을 발사한다고 하며 불안하게 합니다

동민이가 이에 교정기를 달고 왔습니다
점심 먹고 이를 닦아야 한다고 합니다
그런데 칫솔을 안 가져왔다고 합니다
갑자기 선생님이 못 본 사이 채은이가 자기 칫솔을 내어줍니다
친구 칫솔을 가지고 잘도 닦습니다
친구 칫솔을 가지고 이를 닦는 것은 좀 그렇지만,
선뜻 내어준 친구의 마음이 너무나 예쁩니다

세상이 시끄럽습니다
마라톤 대회에서 폭탄이 터져 사람들이 많이 다치고 죽었습니다
공장이 폭발하여 사람들이 많이 죽고 다쳤습니다
지진이 나서 사람들이 죽고 다쳤습니다

사람들 마음이 불안하고 어수선합니다

급식시간에 게가 나왔습니다
친구들이 잘 먹지 못하고 불편해합니다
개구쟁이 규인이가 갑자기 팔을 걷어붙이고
친구들의 게살을 발라줍니다
먹기 힘들어 불편해하던 친구들이 행복해합니다

가을이 시작됐다

조카의 재채기가 시작된다
도로 옆으로 보이던 나팔꽃이 사라졌다
오후 4시 55분에 비치는 햇빛은 비스듬히 누워 들어온다
운동장에 만국기가 걸렸다
나무 밑에 노란 은행이 뭉개져 있다
조용한 노래를 듣고 있다
따뜻한 아메리카노를 주문한다

<< 구옥순

〈소꿉문학회〉 회원, 한상원법무사 경리부장.

E-mail: kos8905@naver.com

산책길

맑은 바람 한 가득 들이킨다
어제와 다른 바람의 냄새,

나뭇잎이 쏟아놓은 초록 공기
마음까지 초록으로 물들인다

무심히 지나칠 뻔했다
몽글몽글 꽃피운 작은 야생초들

나비처럼 느린 걸음
맥박도 천천히
햇빛도 걸음을 같이한다

내 마음의 소리가 들린다
오, 당신의 임재

생각도 자기 자리 찾아가고
비운 만큼

마음엔 깊은 위로의 말씀이

풀잎처럼 머리는 숙여지고
감사가 차오르는 시간

노을

스러지는 하루해 허공에 손 뻗을 때
지친 심장,
가슴 벌려 안을 수밖에

순교자

바라봅니다
가신 길을

죽음도 막을 수 없는
그 길을

빛나는 영혼이 되어
이름이 되어
누군가 읊조리는 노래가 되어

저 빛나는 영혼들
죽어서 다시 사는
주님이 가신 생명의 길을

로키

펼쳐놓은 병풍 속에 심장은 이미 뚫렸다
무엇이든 그 심연의 일부가 된다

모든 게 멈추어 있다
시간도 슬픔도 치열함도

전나무는 눈 뒤집어쓰고 중턱에 멈추었고
검은 나이테 새겨 넣는 걸까
키 작은 나무들이 뒤척이고 있다

2,338미터 설퍼산 정상에 올라
설산의 나무처럼 서서 마주보는 로키

저건 어머니의 눈높이,
깊고 높고 따스한

햇살이 미끄러지며 산허리에 눕는다

순백의 바람 소리
온몸에 새겨 넣는다

남아 있는 말

부풀어 오른 꽃망울
터질 것 같아
조바심 한가득

바람 한 자락
마음 다칠까
소리 없이 머무네

떠날까 두려워
슬픈 눈
먼 산 바라보고

남아 있는 말
시린 몸짓
허공에 뿌리네

<<

정길순

〈소꿉문학회〉 회원, 《한국산문》 회원. 저서 『꿈은 나의 인생이 되었다』 『보물지도』(공저)가 있음. 새한솔부동산 대표, (주)시은 전무이사.
E-mail: didimdool@naver.com

가뭄

마른장마는 풀잎에 앉는 듯 마는 듯

고개 숙인 나뭇잎 사이로 인색하리만치 비켜간다

대지는 여전히 흙먼지만 일렁인다

거북등처럼 갈라진 다랑이논이 긴 한숨을 내뱉는다

노을빛 아래 모닥불을 지피던 촌로는 화약고처럼 솟아오른 불씨를 치마폭으로 막았다나?

끝내 불기둥을 만들어 안타깝게 촌로를 안고 간 메마른 창공

그 소문은 기다리는 가슴을 버석거리게 했다

논두렁을 서성이는 두루미 한 쌍이 물줄기를 더듬는다

조랑이 물로 몸을 적신 텃밭 가에 청둥오리가 서성인다

모두들 가슴에 물길을 묻고 있다

소나기 후

아픈 만큼 강인해지는 어깨
즐거운 젊음보다 슬픔의 시간들로 뿌리를 내리지
울음을 삭히어 희망이 되도록
고독을 편안함으로 견디어내지
소나기가 지나가면 장미가 피고
어깨에 매달린 자녀는 날개가 되어주네
아무도 눈길 주지 않는 곳에
씨앗을 뿌리고 기꺼이 새싹을 피워내고
아침에 우는 새가 먹이를 얻네
땡볕 아래 훠이 훠이 새떼를 쫓으며
서너 차례 씨앗을 뿌리듯
아픔이 희망을 낳을 때까지 저리도 애를 쓰네
황혼이 하얀 수련처럼 춤추는 삶이었으면

꿈의 전조등

태양이 언덕으로 내려갔다
빛의 어두움은 붉게 타오르고
사라지는 빛 뒤에서
꿈을 불러온다
깊이 묻어둔 꿈들이 노을처럼 꿈틀거린다
손에 만져진다
보이지 않아도 느껴지는 것들
보이지 않아도
손 안에 만져지는 것들
노을은
꿈을 비추는 전조등

세월 속에 변해도

말리지 않기로 했다

제자리에 두고 본들
그대 가슴은 허공을 걷고 있을 뿐

입가에 맴도는 것들도 다 삼켜버린다

무엇하랴
세월 속에 변한 것을 탓한들

추억 속에 그대 가슴
꼭 안고 지내기로 한다

그냥 그대로 친해지기로 한다

무지갯빛 여전히 일렁이는데
변해가는 낭패는 감당하기 어려우니

주어진 것마다 하찮은 것이 될 때까지
마음 비우고 살기로 한다

우정만이 내 삶에 버팀목이니까

여름이여 안녕!

뜨거운 여름엔 소슬바람 한 줄기가 그리도 그립더니
어느새 갈바람이 문틈으로 스며든다
땡볕에 울어대는 시끄러운 매미 소리는
갈바람에 섞이어 시원스런 노래처럼 들려온다
익힐 것 익혀두고 삭일 것 삭여두고
홀연히 떠나간 뜨거운 존재들
푸르고 푸르름이 철없게만 여겨지고
단풍 드는 가을 산을 그리워했던 것,
미안해진다
옛일을 모두 무지갯빛처럼 엮어내고 싶은 걸까?
홀연히 떠나간 여름이 아쉬워라
들키지 않으려고
밝은 미소 지으며 가을은 껴안는다

<< 조연자

〈소꿉문학회〉 회원, VWI 사진협회 작가.
〈사진에도 길이 있다〉 발표(2013).
E-mail: river2364@hanmail.net

어머니 냄새

삼베 저고리치마에 땀이 배어
치마폭에 얼굴을 묻고 어머니 냄새를 맡았다

들에서 들어오시는 어머니
벤 풀에서 나는 비릿한 풀 냄새

풋고추를 따고 가지를 따고 호박잎을 따서
소쿠리에 담아 들어오시던 저녁
밭에서 가져온 흙냄새 속에
산바람 냄새

이른 아침 길 떠나
이십 리 읍 장터에서
강둑을 휘돌아 오실 때
묻어온 읍내의 냄새

이고 온 보따리
풀어헤치는

어머니의 치마폭 휘감을 때

긴 하루 기다리던 냄새

빈센트 반 고흐

마침내
돌아
아를에 왔습니다

고흐의 카페에서
고흐 냄새 진한 에스프레소 커피를 마셨습니다

노란 차양과
노란 테이블과
노란 의자

태양도
코발트 블루의 하늘도
사이프러스 나무도

뱅글뱅글 돌고
돌고

>

모두 돌아

고흐가 되었습니다

슬픔의 기원

얼마 만인가
이 괴기 어린 낭만

한밤중에 도시의 벽을 뚫고
내 집 거실에 찾아왔다

깊게,

푸른빛 출렁이도록 가득 차서
나를 흔들어 깨운다

흔들어 깨우는 것은 달빛만이 아니다
목구멍에서 꺼이꺼이
올라오는 울음이다

내 속에
모태로부터 물려받은
슬픔의 유전자,

채워지지 않는

목마른 웅덩이

새벽에

줄지어 선 나무들이 아직 졸고 있다
새벽은 고요하고

적막 속에서
하루가 열리고

가장 깊은 밑바닥에서
두려움이 차례를 기다린다

왜, 라고 묻지 말자

오늘 하루 사는 것은 순전한 나의 몫,
가면 벗은 민낯을 두려워하는 것이니

무엇을 어떻게 버려야 할지
꿈에서 버팅기다
깨어나려는데

>

마주 보는 듯
다정하고
냉정하게
등 돌아서는 새벽

씨감자

씨감자는
싹둑 싹둑 잘려 나갔다

씨눈이 있는 곳마다
움튼 생명

아무리 배고파도 먹으면 안 된다
고방을 들락거릴 때마다
어머니는 소리쳤다

잘려 나간 씨감자,
앙상한 뼈대만 남았다

아지랑이 어른거려 현기증이 나는데
남은 살점으로 끓인 된장국

어머니의 야멸찬 사랑법

<< 한현수

〈소꿉문학회〉 회원, 계간 《발견》 등단. 시집 『내 마음의 숲』 『오래된 말』 『기다리는 게 버릇이 되었다』 『그가 들으시니』가 있음.
분당 야베스가정의학과 원장.
E-mail: lcchan2002@hanmail.net

하나님은 귀

맘껏 소리 지르고 싶으세요?
양주에 있는 출렁다리로 오세요
이쪽 산에서 저쪽 산까지 허공을 걸어봐요
출렁 출렁
이상해요 무서워서 웃게 되는 거
웃다가 웃다가 하늘을 보면
하늘에 귀가 걸려 있다는 거
이쪽 산에서 저쪽 산까지 귀를 따라 걷는 것만 같은 거
피요르드의 빙하와 빙하 사이를 덮고 있는
그 귀와 똑같은 귀
흘러내리는 귀
새를 품는 귀
천둥이 굴러다니는 귀
맘껏 들어줄 것 같은 귀에 풍경이 들어앉아 있어요
출렁거리다 보면 귀만 남아 있어요
이상해요 출렁다리를 건너고 나면
귀 하나 통과한 느낌,
출렁 출렁

귓속에 들어갈수록 나는 점점 작아져요
귀는 귀로만 울어야 하는데
속울음을 들키지 않으려 아침마다 별을 묻는 귀
벌써 내 마음은 쉽게 읽히고
나는 지워지고
커다란 귀 앞에 듣는 법을 다시 배워요

그림자놀이

멸치 모양의 하얀 그림자가 전시실 벽에 몰려다닌다
파도를 밀고 간다

사람이 바다 속으로 들어가면
어두운 그림자 하나 만들어진다

어두운 그림자 뒤로 하얀 그림자가 숨는다

잡았다!

그림자가 그림자 속으로 빨려들어 간다
그림자로 가져오는 그림자들

잡혀주는데
잡았다고 좋아하는 그림자놀이

그림자로 멸치를 잡기 위해
집어등처럼 사람들이 모여 있다

>

멸치가 수산과학관을 바다로 끌고 간다

모과꽃 속으로, 어머니와 나는

모과꽃을 쳐다보는데 입 안에 침이 돈다
머리맡에 모과가 놓인 어머니의 마지막 모습이 생각나

어머니의 손을 잡고 모과꽃 속으로 들어간다
입맛 잃은 어머니는 말없이 웃고
모과꽃처럼 웃고

나는 하고 싶었던 말을 놓친다
자꾸만 입 안에 침이 돈다

모과꽃잎 벌어지는 것보다 어머니의 발걸음이 더디다
작은 새들이 모과꽃 밖으로 날아가고
모과꽃잎마다 햇볕이 가만히 고일 때까지

걸을수록 어머니는 한쪽으로 기울어진다
몸도 표정도 언어도
모두 기울어진 어머니는 웃기만 하고
모과꽃처럼 웃기만 하고

어머니는 모과꽃을 닮아가고

모과꽃은 기울어지고
모과꽃은 웃고

나는 자꾸만 하고 싶었던 말을 놓친다
모과꽃잎 몇 개 떨어진다

그믐달

샛별 아래로 내려온 달이
교회의 뾰족한 지붕에 걸려 있어요
파란 바람벽에 기대어, 어머니가 기도해요
달처럼 허리를 구부리고서
가늘게 눈을 감고 귀만 열어두고서
이리로 올라오라 이리로, 요한에게 들렸던 소리가*
회오리바람처럼 어머니의 몸으로 들어와요
하늘에도 문이 있단다, 하늘이
하늘이 열려야 하는 거야
병상에서 어머니가 달처럼 눈썹을 떨어요
달을 닮아가는 어머니의 가슴에도
작은 웅덩이가 생겨나요, 움푹한 달빛이 박힌
웅덩이는 갈라져 점점 깊어져 가고
웅덩이를 끌어안고 사위어가는 어머니가
하늘을 올려다보고 있어요
열어주세요 문!
어머니가 입을 열면
별들이 출렁거리는 소리가 들려요

기도 문구같이 새들이 점점이 떠 있고
머리에서 무릎까지 흘러내리는 새벽빛 세례
마지막 그믐인가 봐요
어머니 눈시울에도 달이 지고 있어요

---

* 계시록 4장.

여백의 몫

프란시스코 교황의 방한 첫날,
가능한 큰 글씨의 친필 서명을 받기 위해
주교단은 큰 종이를 교황에게 내밀었다

교황은 돋보기로 봐야 할 정도의 작은 글씨로
francisco라고 썼다

모두 함께 웃었다

주교들은 깨알 같은 이름 때문에 웃었고
교황은 여백이 커서 웃었다

■ 〈소꿉〉, 함께 읽고 토론한 도서

2011년

7월 『문학의 숲을 거닐다』(장영희), 『침묵』(엔도슈샤쿠)

8월 『좀머씨 이야기』(파트리크 쥐스킨트), 『당신을 부르며 살았다』(마종기)

9월 『마당을 나온 암닭』(황선미), 『누군가에게 무엇이 되어』(예반)

10월 『시의 숲을 거닐다』(천양희), 『달과 6펜스』(서머셋 몸)

11월 『사랑하라 한번도 상처받지 않은 것처럼』(류시화), 『엄마를 부탁해』(신경숙)

12월 『조선회상』(닥터 홀)

2012년

1월 『책만 보는 바보』(안소영), 『오늘의 거짓말』(정이현)

2월 『사도세자가 꿈꾼 나라』(이덕일) 『꽃봇대』(함민복)

3월 『사람은 무엇으로 사는가』(톨스토이), 『시가 있는 아침』(이경철)

4월 『천국의 열쇠』(조셉 크로닌), 『가슴으로도 쓰고 손끝으로도 써라』(안도현)

5월 『팡세』(파스칼), 『파스칼의 팡세』(박철수)

6월 『피그말리온』(조지 버나드 쇼), 『유진과 유진』(이금이)

7월 『권정생』(이원준), 『당신, 거기 있어줄래요?』(기욤 뮈소)

8월 『시인의 서랍』(이정록)

9월 『오두막』(윌리엄 폴 영), 『모리와 함께한 화요일』(미치 앨봄)

10월 『오만과 편견』(제인 오스틴)

11월 『진주귀걸이 소녀』(트레이시 슈발리에), 『사부님은 갈수록 유머러스해진다』(모옌)

12월 『내 영혼이 따뜻했던 날들』(포리스트 카터)

2013년

1월 『걸리버여행기』(조너선 스위프트), 『우리 사랑할래요?』(김선우)

2월 『그리스인 조르바』(니코스 카잔차키스), 『책은 도끼다』(박웅현)

3월 『그리고 아무 말도 하지 않았다』(하인리히 뵐), 『남자의 자리』(아니 에르노)

4월 『살구꽃이 피는 마을』(김용택), 『내 잠은 당신 잠의 다음이다』(황학주)

5월 『꽃의 지혜』(모리스 마테를링크), 『모모』(미하엘 엔데)

6월 『인질의 낭독회』(오가와 요코)

7월 『무탄트 메시지』(말로 모건)

8월 『순교자』(김은국)

9월 『어둠의 저편』(무라카미 하루키)

10월 『자기 앞의 생』(에밀 아자르)

11월 『행복한 그림자의 춤』(엘리스 먼로)

12월 『성채』(조셉 크로닌)

2014년

1월 『내 삶을 바꾼 한 구절』(박총)

2월 『귀여운 여인』(안톤 체호프)

3월 『죽음의 수용소에서』(빅터 프랭클)

4월 『아침부터 자정까지』(게오르크 카이저)

5월 『작은 씨앗을 심는 사람들』(폴 플라이쉬만)

6월 『따뜻한 외면』(복효근)

7월 『그 많던 싱아는 누가 다 먹었을까』(박완서)

9월 『나무의 수사학』(손택수), 『투명인간』(성석제)

10월 《발견》 가을호, 2014.

11월 『바베트의 만찬』(이자크 디네센)

12월 『귀향』(베를하르트 슐링크)

2015년

1월 《발견》 겨울호, 2014.

2월 『고도를 기다리며』(사무엘 베케트)

3월 『연금술사』(파울로 코엘료)

4월 『1그램의 용기』(한비야)

5월 『기다리는 게 버릇이 되었다』(한현수)

6월 『무지개 곶의 찻집』(모리사와 아키오)

7월 『나미야 잡화점의 기적』(히가시노 게이고)

8월 『다시, 나무를 보다』(신준환)

9월 『가시고기』(조창인)

10월 《발견》 가을호, 2015.

11월 『죄와 벌』(토스또예프스키)

12월 『릴케 시집』(송영택)

2016년

1월 『파의 목소리』(최문자)

2월 『꿈은 나의 인생이 되었다』(정길순)

3월 『아러타이의 끝자락』(리쥐안)

5월 『부활』(톨스토이)

6월 『충분하다』(비스와바 쉼보르스카)

7월 『채식주의자』(한강)

9월 『당신』(박범신)

10월 『풀꽃도 꽃이다』(조정래)

11월 『P31』(하형록)

12월 『남아 있는 나날』(가즈오 이시구로)

2017년

1월 『생쥐와 인생』(존 스타인벡)

2월 『따뜻한 동행』(윤세영)

3월 『문장론』(쇼펜하우어)

4월 『편의점 인간』(무라타 사야카)

5월 『자전거 여행』(김훈)

6월 『밤이 선생이다』(황현산)

▪ 〈소꿉〉, 함께 들었던 음악

- 성 세실리아를 위한 장엄미사/샤를 프랑수아 구노/테너 로렌스 데일
- LAUDATE DOMINUM(EUM) 찬양하라 수님을—구도자를 위한 서녁기도(Verperae solennes de confessore K339, Mozart) 중에서/모차르트/소프라노 바바라 핸드릭스 Barbara Hendricks
- 멘델스존 무언가/폴리니
- 쇼팽 Etude/폴리니
- 러시아 로망스, 나는 당신을 사랑했습니다/푸시킨(Alexandr Pushkin) 시, 쉬레메체프 작곡/첼로, 박영숙
- Prelude op.28(전주곡) 24번 D minor/쇼팽/알렉상드로 타로
- 미션 주제곡 Gabriel's Oboe/첼로 요요마
- 생명의 양식/세자르 프랑크/소프라노 바바라 핸드릭스
- 아베마리아/카치니/소프라노 Inessa Galante
- Healing rain 치유의 비/마이클 W 스미스
- Speechless 표현 못해/스티븐 커티스
- 베토벤 바이올린 소나타 5번 〈봄〉
- 베토벤 바이올린 소나타 9번 〈크로이처(Kreutzer)〉 1악장/백건우
- 성 세실리아를 위한 장엄미사 중 키리에, 주여 긍휼히 여기소서/조르주 프레트르(프랑스 라디오 신필하모니 오케스트라)
- To me/이효석/김범수
- 바흐 무반주 첼로곡 2번 1악장/요요마

- 베토벤 피아노 소나타 28번 전원 pastorale 4악장/백건우
- Pie jesus 자비 예수/로이드 웨버/바바라 핸드릭스
- Laudate Dominum 주님을 찬양하라/모차르트/조수미
- 슈베르트 아베마리아/조수미
- 비발디 사계 〈봄〉/사라 장
- 리베르탱고/피아졸라
- You needed me/Anne Murray
- 내 주는 살아계시니/헨델 〈메시아〉 중에서
- 자크 오펜바흐의 첼로곡—저녁의 선율, 자클린의 눈물, 하늘 아래 두 영혼/베르너 토마스 연주
- 백조/생상스/첼로 자클린 뒤 프레
- Dance of the blessed spirit/글룩
- 바흐 칸타타 147 〈주 예수는 나의 기쁨〉/디누 리파티 연주
- 비발디의 〈사계〉 중 '겨울' 2악장/알브레히트 마이어 오보에 연주
- 백장미/한현수 시, 김현정 작곡
- 옛 골목길/한현수 시, 이래근 작곡
- 왕벌의 비행/림스키 코르사코프/세르게이 나카리아코프 트럼펫 연주
- 항해자/시와 그림
- 바흐 골트베르그 변주곡 중 아리아와 변주곡 1번, 9번/안드라시 시프 연주
- How can I keep from singing 어찌 찬양하지 않으리요/성 필립스 소년합창단
- 쇼팽 녹턴(야상곡) 1번/마리아 조앙 피레스
- 쇼팽 prelude 15번 〈빗방울 전주곡〉
- 쇼팽 연습곡 3번, 피아노 협주곡 1번 2악장 로만체
- 시실리안느(시칠리아노)/파라디스/첼로 재클린 뒤 프레

- 베토벤 소나타 17번 템페스트 1악장/피아노 최정훈
- 구노의 〈성 세실리아를 위한 장엄미사〉 중 상투스
- 쇼팽 녹턴 20번/바이올린 사라 장
- 관따나메라/부에나 비스타 소셜 클럽
- sailing by(항해)/Ronald Binge
- Let It Go 영화 〈겨울왕국〉 주제곡
- 그 사랑/박희정
- Be Thou My Vision 내 맘에 주여 소망되소서

■ 〈소꿉〉, 문화체험 및 문학행사

2012년 3월 화성행궁

2012년 4월 분당중앙공원 생태 강의/한현수

2012년 5월 문학 강연/박철수 목사 〈파스칼의 팡세〉

2012년 7월 정약용 생가 방문/두물머리

2012년 8월 소울메이트 공연/이택영, 차성진, 한봉헌

2012년 10월 강화 석모도

2013년 4월 문학 강연/황학주 시인 〈내 잠은 당신 잠의 다음이다〉

2013년 8월 오페라 〈투란도트〉 관람

2013년 10월 서울 서촌 탐방 및 윤동주문학관

2014년 6월 서울 동문 탐방 및 혜화동 뮤지컬 관람

2015년 5월 저자와의 만남/한현수 시인 〈기다리는 게 버릇이 되었다〉

2015년 10월 성북구 탐방/이태준 작가 백석 시인 한용운 시인의 발자취를 따라

2016년 1월 문학 강연/최문자 시인 〈파의 목소리〉

2016년 2월 저자와의 만남/정길순 작가 〈꿈은 나의 인생이 되었다〉

2016년 5월 파주 여행/심악산, 헤이리 예술마을, 출판산업단지

2017년 6월 아산 민속마을 탐방/정길순, 종교개혁 500주년 기념 강의/김용태

2017년 11월 소꿉문학지 창간호 〈꿈의 전조등〉 발간

2017년 12월 소꿉문학회 발표회

이 도서의 국립중앙도서관 출판시도서목록(CIP)은 서지정보유통지원시스템 홈페이지(http://seoji.nl.go.kr)와 국가자료공동목록시스템(http://www.nl.go.kr/kolisnet)에서 이용하실 수 있습니다.(CIP제어번호: CIP2017028350)

소꿉문학회

꿈의 전조등

초판 1쇄 인쇄 2017년 11월 1일
초판 1쇄 발행 2017년 11월 8일
지은이 소꿉문학회
펴낸이 고영
책임편집 서윤후
디자인 헤이존
펴낸곳 문학의전당
출판등록 제2017-000002호
주소 서울시 마포구 마포대로 11길 91, 3층
전화 02-852-1977 팩스 02-852-1978
전자우편 sbpoem@naver.com

ISBN 979-11-5896-345-3 03810